Martin Moseder

**Bekenntnis des Glaubens und der Lehre Martin Moseders**

Martin Moseder

**Bekenntnis des Glaubens und der Lehre Martin Moseders**

ISBN/EAN: 9783743679221

Hergestellt in Europa, USA, Kanada, Australien, Japan

Cover: Foto ©Lupo / pixelio.de

Weitere Bücher finden Sie auf **www.hansebooks.com**

# Bekentnis /

Des Glaubens vnd Lehre / Martini Moseders / Jörgerischen Kirchendieners am wort des HERRn / iñ Osterreich.

Zu verantwortung derselben vnnd ihres gleichen Osterreichischen Kirchen / wider ihre Verleumbder ausgangen.

Sampt etlichen Sendschreiben D. Martini Lutheri / an die Jörgerischen / zum zeugnis jres Glaubens vnd Bekentnis / auch Christlichem bericht etlicher Fragen halber.

Psalin. Cxx.
Ich halte frid / aber wann ich rede / so fahen sie krieg an.

Gedruckt zu Regenspurg / durch Heinrichen Geisler.

ANNO, M. D. LXI.

## Allen fromen Christen/ so zu der Erkantnis des Euangeliums kommen/ wünscht Martin Moseder krafft vnd sterck des Heiligen Geists / durch Christum/ AMEN.

DER Heilig Apostel Paulus hat sich in seinem Apostelamt am hefftigsten vnter allen beklagt/ vñ allermeist erleiden müssen von den falschen Aposteln/ so jm die predigt des Euangelij bey seinen Christen jmerdar verwirret haben/ Derwegen er vil kempffe darüber erstanden/vnd es Jhm sawr worden / wie fast die Episteln von jm geschriben alle zeugen/furnemlich die zun Galatern/ Vñ hat doch der from Apostel in allē seinē streiten

nichts

### Vorrede.

nichts dañ sein von Christo emfangen Euangelium zu behelff vnnd gegenwher fur hand genommen. So gehets in den jetzigen vnsern letzten zeiten auch also / das der Teuffel nit allein durch seine Rotten vnnd Secten die Lehre verkeret/sondern auch durch böse Heuchler die reinen Lerer antastet/ vnd mit lügen beschmitzet/ Jre Lehre damit verdechtig vnd gehessig zumachen/vnd meniglich dauon abzufüren. Das hab ich nu der geringste vnter allē etlich zeit her auch wol erfaren/ Dañ da der Teuffel gesehen/das das Netz Götlicher Lehre durch mich vnwirdigen/vnnd also zurechen den genötten Jonam/ diser ortē ausgeworffen/ zuuil Fisch fahen/ seinem Reich zu abbruch vnd schaden gedeien wolte / hat er falsche

Brüder

### Vorrede.

Brüder erregt/Sacramentirer vnd etliche jhres gleichen/die sonst fur sich selb gut Euangelisch/ware glider der waren vnser Kirchē geacht sein wollen/Welche mich/vnd ohn rhum zu melden/vonn mir bis daher gefürte reine vnuerfelschte Lere/ mit hessigen Lügen vnd lautern vngrund antastet haben/allerley geplär gemacht/ vn̄ ding furgeben/die ich mein lebenlangnoch nie gedacht/schweig geredt solte haben/Haben die vnter die leute gesprengt/damit souiel ausgericht/ das etlich dadurch/wie ichs erinnert wo nit zu abfal/doch der warheit vn̄ reiner Lehre zu widerwertigen verdacht bewegt worden.

Das aber niemands solchen lügenmeulern glauben setze/meiner lere vnd vnsern Kirchen Irthum vnd Rot-

### Vorrede.

Rotterey/ vnvberwisen/ zumesse/ Sondern durchaus sie dem reinen Göttlichen wort / Heiliger Schrifft Altes vnnd Newes Testaments/ auch der wahren Christlichen Augspurgischen Confession gemes erkennen müsse/ So bin ich verursacht der selben meiner vnd vnser Kirchen Lere/ein kurtze Summa zufassen/ auch in Druck zugebē/zu verantwortung derselben vnser Osterreichischen Kirchen wider jhre Verleumbder / Vnd zu meinem selb Bekantnis / Dabey ich auch mit hülff Götlicher gnaden bis in mein Gruben/als die ich weis das sie nicht anders dann das reine Göttliche wort / vnnd der einig weg der seligkeit ist / zuverharrē gedencke. Bitte demnach alle gutherzige Christen / sie wollen darwider denselben
vnsern

### Vorrede.

vnsern Verleumbdern nicht glauben noch stat geben/ Dise Summa vnd Bekantnis nach dem richtscheit des Heiligen Göttlichen worts selb vrteilen/ vnd mit der einfalt/ da sie sonst dem Göttlichen wort/ als ich hoffe/ nur gemes/ gedult tragen vnd Christlich fur gut nemen.   Geben zu Newhaus vndter Pernstain/ Am tag Bartholomei/ Anno M. D. Lxj.

Volgen

# Volgen die Artickel
## Chriſtlicher Lehr.

### Der Erſt Artickel

## Von Gott vnd dreien
Perſonen/ in ainem Götlichen weſen.

**D**A bekenn/ lehre/ vñ glaub ich / das ein Allmechtiger / einiger / ewiger GOtt / on anfang vnd Ende ſey/ inn dreyen vnterſchidlichen /· Göttlichen Perſonen/ Nemlich / GOTT Vatter/ GOTT Son/ GOTT Heiliger Geiſt/ gleiches weſens/ macht/ vnd Ehren/ ein Erſchöpffer/ vnnd Erhalter aller ſichparn vnd vnſichparn Creaturen/ im̃ Himel vnd auff Erden / Wie das die Heilige Schrifft vnnd das Symbolum Apoſtolorum/ ſampt dem Niceno vñ Athanaſiano/ klärlich anzeigen.

Von:

# Von dem Son
## GOTTes.

ZVm Andern / Das vnser Herr Christus / GOTtes Son / von Ewigkeit / vber aller Menschen vernunfft / vom Vatter geborn / ain warer ewiger Gott / ains wesens / vnd krafft / mit GOtt dem Vatter seye / Vnd nach dem die zeit erfüllt / von dem heiligen geist in dem Leib der Jungfrawen Marie empfangen / vnnd nach verkündigung der Propheten / Menschlich natur an sich genomen / vnd in die Welt ein Mensch geborn / nach der Jüden art beschnitten / vnd von Johanni getaufft / letzlich am Stam̃ des heiligen Creutz ain Opffer worden / nit allein für die Erbsünd / sonder auch alle andere würckliche sünd / gestorben / die straff der sünden auff sich genemmen / damit bezalt vnd Gottes zorn versünet hat / begraben / in die Hell gefaren / am dritten tag / vnser gerechtigkeit halben / wider aufferstanden / von todten / vnd am vierzigsten tag hernach gen Himel gefaren / da Er in einer Person / vñ zweyen vnzertrenlichen vereinigten Naturn / zu der gerechten des Vaters sitzet / ewig vber alle Creaturen herrschet /

B        vnd

## Von dem Son Gottes.

vnd also die lebendigen vnnd todten/ zurichten widerkomen wirt/ Wie das alles die Prophetisch/Euangelisch/ vnd Apostolisch Schrifft/ gründlich bezeuget. Verwirfft hiemit alle andere/ wider den Sohn Gottes/ sein wesen vnd werck/ erdichte Lehr/ als Jrthum vñ Ketzerey.

## Vom heiligen Geist.

Zum dritten/ Das der heilig Geist/ von ewigkeit/ vom Vatter vnnd Son aus gehe/ vnd sey mit dem Vatter vnnd Son/ ein warer almechtiger ewiger Gott/ gleicher Maiestet/ gewalts vnd ehren/ Vnd das dise dritte person/ der vnzertrenlichen einigen GOttheit/ der heiligen Christlichen Kirchen/ vmb Christi willen/ vom Vatter verheissen vnnd gesendet werde on vnterlos/ bis ans Ende der welt/ durchs wort vñ Sacrament/ sein ampt vñ werck füre/ die hertzen der Menschen mit seinen gaben entzünde/ durchs Predigampt/ die verfinsterten/ vnglaubigen Menschen erleuchte/ vnd zu Christo bringe/ glaubig mache/ tröste/ vnd wider geblere/ zum ewigen leben/ durch Christum erworben.    Von

## Von der sünd vnd derer vrsach.

Bekenn/lehre/vnd glaub ich/Das alle Menschen/ seid Adams fal von fleischlichem samen herkommen/ in sünden in vnd von Mutter leib empfangen vnd geborn werden/an der empfengnis/geburt vnnd leben/fur Gott sünder sind/ Vnd kompt solche sünd vom Teuffel/vnnd des Menschen verkehrten bösem willen/In dem vnsere erste Eltern/ Adam vnd Eua/jhren von Gott gegeben guten willen/ zu bösem gewendt/ Gott jhrem Schöpffer vngehorsam/vnd dem Teuffel/so durch die Schlangen zu jnen geredt/ gehorsam worden/ vnd damit so schwerlich wider Got gesündigt/ das sie nicht allein sich selb in Gottes zorn/ vnter des Teuffels gewalt/in tod vnd ewige verdamniß/ sonder alle menschen von jhn bis ans Ende der welt auff Erden geborn/inn gleiches verderben vnd vnfal bracht/Auch noch die gantz Natur/ beide seel vnd leib / dermassen vergifft vnd verderbt/das gantz vnd gar wider Gott zu bösem vnd sünden geneigt/vñ das sie auch keinen waren glauben/kein ware Gottesforcht von Natur vnd jnen selb haben mögen/ Vnd in summa vmb deren sünden willen / alle so nit durch die Tauff/vnd heiligen geist/newgeborn/verdampt

B ij    wer-

## Von der Sünd/

werden/ Ferner folgen aus diser als Erbsünde/ die andern als würckliche sünde/ damit wir wider GOtt/ sein Gebott vnd willen/ aus anregung der von vnser Eltern her angebornen boßheit/ vnd vnreinigkeit des hertzen / täglich sündigen/ mit gedancken/ worten/ vnd wercken/ so lang wir hie auff Erden leben/ vnnd auch vmb derer willen/ wo nit durch tägliche Buß/ vnnd warem glauben/ vmb des HErrn Christi willen vergebung geschicht / gleicherweis müsten verdampt werden.

## Von der Rechtfertigung oder vergebung der Sünden:

Lern/ glaub vnnd bekenne ich/ das der Mensch/ weder durch aines Engels/ Marie/ ains Patriarchen / Propheten / Heilligen/ sein selb/ oder anderer verdienst/ Heiligkeit noch werck/ von seinen Sünden ledig/ gerecht noch selig werden kan/ sonder das vergebung der sünden/ gerechtigkeit so vor GOtt gilt/ vnd ewiges leben/ Gratis/ aus gnaden/ vmb sonst/

von

## Von der Rechtfertigung.

von wegen des verdiensts/ vnsers Herrn Jesu Christi/ Allen Menschen/ so warhafftig glauben/ das Er Christus der HERr allein durch seinen tod/ Leiden vnd Aufferstehung/ die sünde bezalt/ den zorn GOttes versünet / vnd jhn die Gerechtigkeit erworben vnd geschenckt habe/ vnd vmb solches glaubens inn Christo willen/ fur gerecht geschetzt/ vnd zu gnaden angenommen werden / wie Paulus Roma. iij. bezeugt/ Sie sein allzumal Sünder / vnd mangeln des rhums/ den sie an GOtt haben sollen / aber sie werden one verdienst gerecht aus seiner gnad/ durch die Erlösung/ so durch Christum Jesum geschehen/ welchen GOtt furgestelt hat/ zu ainem Gnadenstul/ in seinem Blut/ Acto. x. sagt Petrus/ dem Jesu geben zeugnis/ alle Propheten/ das wir vergebung der sündē durch seinen Namen erlangen sollen / alle die an jn glauben/ Roman. iiij. Derhalben mus die gerechtigkeit aus dem glauben komen / auff das sie sey aus gnaden/ vnd die verheissung fest bleibe/ Darumm̄ felen der gnaden/ vnnd irren alle/ so auff ander weg/ oder mittel/ neben oder ausserhalb Christo durch jr/ oder anderer verdinst vn̄ werck/ from/ jrer sünden los gerecht vn̄ selig werden wöllen/

B iij            oder

Von der Rechtfertigung.

oder jhre werck / zu eroberung der seligkeit/ gerechtigkeit/ vnd ewiges leben nötig achten.

## Von dem Gesatz so in den Zehen Geboten / in einer kurtzen Summa begriffen.

BEkenn/glaub/vnd lere ich/ Das es auch ein Lehr / von GOtt gegeben ist/ so vnter / vnnd bey vns Christen zu seiner zeit fleissig getriben werden sol/damit man daraus rechte gute werck/vñ Gottes wolgefalln thun lerne/dann es vns alles/ was Gott von vns gethon vnd gelassen haben wil/furhelt/vnd legt ainem jeden ein solchen gehorsam auff/ so er die zeit seines lebens bey einem pünctlein volkömlich zuerfüllen schuldig / nemlich das er nit allein auswendig mit dem leben/nit wider Gott thun / sonder das auch sein hertz vnnd gemüt/ gantz vnd gar rain sein/ vnd kein gedancken wider jhn vnd sein gebott haben solle. Wo jemand nu denselben gehorsam/ so volkomlich/ wie jhn die Zehen Gebot erfordern / sein leben-

lang

## Von dem Gesetz.

lang außrichten / daneben für die angeborne sünde gnug thun könte/ so möchte er gleichwol auch für GOtt gerecht werden / vnd dadurch die seligkeit erlangen / Weil aber keinem Menschen (von wegen derer durch Adam vnnd Euam/ so gar verderbten vnd geschwechten natur) auß eigner krafft/ nur das kleinst diser gebot/ ich geschweig alle vnnd die maisten/ so volkömlich/ ainmal in seinem leben zuhalten/ müglich ist ( dienet vns die Gesetz lehr nu dazu ( nit das wir dardurch zu vergebung vnser sünden kommen / oder selig werden möchten) sondern neben dem das wir darauß lernen / was vor GOtt recht vnd vnrecht ist / das wir dadurch auch vnsere sünde erkennen/ den zorn vñ straff Gottes/ so vber die sünd gehet/ förchten / vnnd durchs Euangelium inn Christo/ gnad suchen lernen/ ꝛc. Romano. iij. Durchs Gesetz kompt erkantnis der sünden.

## Von dem Euangelio
### Christi.

Bekenn

## Vom Euangelio.

Bekenn/glaub/vnd lern ich / Das es nit ein gesetz lehr/wie die Zehen Gebot/ sonder ein gnadenlehr ist / die allen Menschen/ so durch das Gesetz (welches denn zorn vnnd straff Gottes vber die sünde predigt) erwaicht/ zurschlagen/vnd bey sich jrer sünd/vnd folgender straff halben/zum höchsten betrübt sein/ ein fröliche Bottschafft der gnaden verkündigt/ tröst sie/ richt sie widerumb auff/vnd helt jnen Christum/ein Versüner jrer sünd für/vnd sagt jhnen frey vmbsonst/allein vmb des verdiensts Christi willen (durch welches Er sie von sünden vnd der sünden straff erlöset) gnad vnd vergebung der sünden zu/also/das sie sich nu (weil sie jre sünd bekennen/ sich wollen bessern/durch Christum gnad begern vnd glauben) bey Gott weiter keiner vngnad mehr versehen dörffen/ Das auch Gott/nit mehr auff ihre sünd/ vnd was sie damit verschuldt haben / sonder ohne mittel auff das sehen wil/was sein lieber Son Jhesus Christus von jrer sünd willen gethon/ erlitten vnd ausgericht hat / Vnd wil also solcher sünd wegen / nit mehr mit jhnen zürnen/ oder ainige rechenschafft begern / sonder gnediger Gott vnnd Vatter sein/rc. Solche guter
empfa-

## Vom Euangelio.

empfahen vnd werden wir theilhafftig / allein durch den glauben / welcher aus der Predigt des Euangelions (wie Paulus Roma. x. sagt) herkompt / das ist / das wir vns solcher gnad / so vns durchs Euangelium inn Christo / gratis / aus gnaden / angeboten vnd furgetragen wirt / gäntzlich trösten / mit vnzweifelichem hertzen glauben / vnd zu Gott deß / so vns sein wort in Christo verheist / gewis versehen / das ich vñ du gleich der einer seye / fur welche Christus gestorben / welchen Er vergebung der sünd verdienet / welche Er mit dem Vatter versünet / vñ das Ewig leben mit seinem thewren Blut erkaufft / vnd solches (wie vns die Lehr seines Euangelions lauter furhelt vnd vertröst) hiemit durch sein wort in dem glauben vbergeben vnd geschenckt hab / durch disen glauben / der nit ain menschenwerck / sonder Gottes gab ist / durchs wort vnd Sacrament wirt das gantz verdinst des gehorsams Christi / Geburt / leidens / sterbens / Aufferstehung / vñ Himelfart / allen menschen so hierin erfunden / zu volkomlicher gerechtigkeit / vnd vergebung der sünden / applicirt vñ zugerechnet.

C. Von

# Von guten Wercken.

Glaub/bekenn/vnd lehre ich/Das dieselben/ainem solchen jetzt obgehörten glaubē/frei von sich selb/on allen zwang/gleich wie die frucht einem bawm folgen/vñ das rechte gute werck/welche furnemlich/den menschen in den zehen geboten/auffs feinst furgehalten/ vnd aufferlegt/zuthun nötig/ vnd das der glaub/wo nit solche gute werck folgen/falsch/oder ein heuchley sey/wie Christus sagt/Ein guter bawm bringt gute frucht/nicht das die frucht den bawm gut mache/sonder sol die frucht gut werden/so mus der bawm zuuor gut sein/Also sollen die menschen gute werck/so Gott gefellig sein/thun/müssen sie zuuor durch den glauben/vmb Christi willen vor Gott/gut/fromb/ vnd gerecht/geschetzt vnd angenommen werden/darzu den Heiligen Geist empfangen/ein newe Creatur vnd guter bawm werden/sonst sein alle ire werck (ob sie auch gleich nach Gottes Geboten geschehen) nicht gute werck/wie Paulus Roma. riiij. sagt/ Alles was nit aus dem glauben ist/das ist sünde. Item Christus Lucc vj. Ein böser bawm kan nit gute frucht brin-

## Von guten Wercken.

bringen. Demnach eben auch das vertrawen/ so der mensch auff sein thun vñ werck setzt / als obs auch etwas an der seligkeit/ vñ vergebung der sünden/verdiene / machet das werck / welches sonst ( wo es von einem glaubigen/ der sein seligkeit nicht in menschen wercken/ sonder allein in Christo suchet)gleich gut were/vnnütz böse/vnd verdamlich/Sihe daher zu/ das gute werck nötig zuthun sind / aber nit nötig zu der seligkeit/Dann die seligkeit/ wirt nit vmb eines oder mehr werck/vnd verdienst willen der menschen(wie von der Rechtfertigung gehört)sonder allein vmb der volbrachten werck/ vnd verdienst Christi willen(so mit dem glauben gefast vnd ergriffen werden müssen) gegeben/wiewol nu auch die guten werck/hie zeitlich/ vnnd dort ewig ir belonung haben/als hie beide leiblich vñ geistlich gaben vnd segen/dort andere jre gaben/ so wirt dennoch die seligkeit/ nit vmb der werck willen geben/sonder wie gehört/vmb des HErrn Christi vnd seines einigen verdiensts willen.

Von

# Von den Sacramen-
## ten in gemein.

BEkenn/glaub/vnd lere ich/ Das
vnser lieber Herr Jesus Christus / neben
der Predig seines Euangelions/ drey vnter-
schidliche Sacrament vnd Bundtzeichen ein-
gesetzt/vns damit im glauben zuerhalten/ster-
cken/vnd seines worts vnd verheissung gewis
zumachen/Nemlich die Tauff/Absolution/vñ
Abentmal/durch welche Er ein jeden in sonder
heit/gleichsam mit Brieff vnd Sigel/alles des
so vns im Euangelio von jm furgetragen vnd
verkündigt/nemlich vergebung der sünden/ vñ
ewigs leben hat versichern vñ vergwissen wöl-
len / Vnd bleiben solche Sacrament dennoch
Sacrament vnd krefftig/ob gleich die Priester
so sie raichen/eusserlichem wandel nach/ nicht
fromb/vnd doch nach dem befelch Christi / vnd
seiner ordnung gemes / handlen vnnd raichen/
gleicher massen ob auch die Sacrament/ vonn
ainem Gottlosen oder vnglaubigen ( wie von
Juda)einpfangen / vnd doch nach der Einsatz-
ung Christi einpfangen wurden / bleibt vnnd
wirt

### Von den Sacramenten.

wirt wol ein Sacrament / genoſſen vnnd empfangen/aber ohn nutz ihm / dem vnglaubigen vnd Gottloſen zum verderben.

## Vom Sacrament
### der Tauff.

LEhre/glaub/vnd bekenne ich/ das die Tauff allen/ beyde jungen Kindlin/ vnd alten Menſchen nach GOttes befelch/ ainmal in dem Namen GOTTEs Vatters/ Sons/ vnd heiligen Geiſts/ geraicht vnd mitgetheilet werden ſol/ Vnd das alle/ ſo alſo getaufft/ Gott vberanttwort/ Gott geſellig vnd new geborn/ Chriſto als dem Haubt eingeleibet/ vnd jhnen die ſünde vmb ſeinet willen vergeben werden/ Das dann gleichwol nach der Tauff die böſe ſündliche art vnd begir/ ſo vns von vnſern Erſten Eltern/ Adam vnd Eua angeborn/ noch etlicher maſſen/ vnd zum theil in vnſerm fleiſch ſtecken bleibet / vnnd ſich reget/ ſo wil vns doch Gott vmb ſolcher vnſer angebornen böſen luſt (ſo wir ſie allein nit loben/ vnd fur gut verteidigen/

## Von den Sacramenten.

gen/ sonder embsig weren vñ wider sie streiten/ das sie nicht in vns vber hand nemen) nit verdammen/ sonder vmb des verdienſts vnsers HErrn Jhesu Christi willen/ in des Blut vnd Namen wir getaufft/ vnd glauben/ vnser guediger Gott vnd Vater sein/ des wir vns all/ so getaufft/ bey disem Malzeichen der Tauff/ als Göttlichem Brieff vnd Sigeln zu trösten/ vnd zuuerſehen haben.

## Von der Absolution.

Ehre/ glaub/ vnd bekenne ich/ Das Christus in seinem Göttlichen wort/ vnd Euangelio/ den Dienern seiner Kirchen/ ohne vnterscheid/ gleichen gewalt/ macht/ vnd befelh geben habe/ allen Menschen so nach der Tauff fallen/ oder in ſünd geraten/ iedoch wider auffſtehn/ buß thun (das ist) von hertzen ob jren ſünden leid tragen/ vnd durch Christum gnad begern/ als offt sie (mit ernstlichem hunger nach Gottes gerechtigkeit) kommen/ von den ſünden auffzulöſen/ vnd vergebung auff sein wort vnd befelch/

## Von den Sacramenten.

befelch/ in seinem Namen/ zuuerkündigen/ vnd das solche vergebung/ (wo dem wort glaubt wirt) so krefftig sey/ als obs Christus oder ein Apostel/ selb mündlich gethon hette / Entgegen aller Ablas / von Bapst oder Menschen auff eignen gewalt/ anderer werck / Heiligen verdienst/ Namen/ oder fürbitt/ gestelt/ fur vnkrefftig vnd Gottlos zuhalten/ vnd zu verwerffen/ Das auch wie die frommen vnd busfertigen ihrer sünden zuentbinden / also die vnbusfertigen hinwider bunden sind / durch denselben gewalt/ als Christus spricht/ vnd beides zusamen fasset/ Welchen jhr die Sünde erlasset dehnen sind sie erlassen/ Vnd welchen jr sie behaltet / denen sind sie behalten. Johan. xx.

# Vom Sacrament
### des Leibs vnd Bluts Christi im Heiligen Abentmal.

Bekenn/

## Von den Sacramenten.

Bekenn/ lehre/ vnd glaub ich/ das das heilig Abentmal/ durch Christum vnsern Herrn/ selb gestifft/ vnd das darin vnter vnd mit Brot vnd Wein/ vnterschidlich/ sein warhaffter Leib leiblich zuessen/ vnd sein warhafftes Blut leiblich zutrincken/ vns Christen eingesetzt vnnd darumb geben sey/ das ein jeder dasselb also vnd nit anders/ empfahen/ vnd dabey gewis sein vnd glauben könne/ das Er der Herr Christus seinen Leib auch fur jn/ vnd jm zu gut/ am stam des Creutz dargeben/ vnd sein Blut zu vergebung seiner Sünden/ vergossen habe/ ꝛc. Derhalben sein die Papisten/ so in jrer Meß aus dem Abentmal Christi/ sacrificium et opus operatum/ ein eignes Menschenwerck fur die sünd/ vnd ein newes opffer (dem opffer Christi ain mal fur die sünd geschehen zu schmach) fur das hail der lebendigen/ vnd todten/ machen/ Item den Layen nur aine gestalt raichen/ dieselb zu einem schawspil vmbher tragen/ In disem allem/ vnd was hierin jres grewels mehr ist/ sage ich/ sein die Papisten der Einsatzung Christi zuwider/ sampt den newen vnd alten Zwinglianern/ vnd Widertauffern/ so wider die hellen klaren wort der Einsatzung/

die

Von des Herrn Abentmal.
die gegenwertigkeit des Herrn leibs vnd bluts
so freuenlich vernainen/ vnd in den Herrn mit
seinem wort lügstraffen/ Derhalben auch als
Teuffels lehrer zumeiden/vnd derselben grew-
liche Jrthum/Mißbreuch/vnd Gotteslesterung zuuerwerffen.

## Vonn der Ohren-
### Beicht.

LEhre ich/ Das sie in der Kirchen/
nit wie vnter dem Bapstumb (da man ein
zwang vnd beschwerung der gewissen daraus
gemacht hat) erhalten werden sol/dann keinem
menschen wie offt er felt (wie Dauid sagt) zu-
wissen/ich geschweig zuerzelen müglich/sonder
das alda ein jeder(gleich wie in offner Predig)
also auch in disem sondern Gespräch/ was jhm
zu seiner seligkeit zuwissen von nöten/recht vn-
terricht/in anfechtungen getröstet/ vnd wie es
vmb eines jeden glauben vnd leben stehe/gehört
werde/als denn durch die Predig des Euan-
gelij/welche ist die liebe Absolution/von Christo
D        der

Von der Beicht.

der Kirchen gegeben/in sonderheit trost vñ vergebung der sünden/ so er Bus thut/ empfahe/ oder bis zur Bus/ jhm die Sünden behalten werden.

## Vonn der Bus.

Bekenn/ vnd lehre ich/ Das das die rechte ware Bus sey/ dadurch die jenigen/ welche nach der Tauff inn sünde gefallen/ wider vergebung der sünde erlangen/ vnd jnen die Absolution (so fer: sie es suchen) one scheuch mitgeteilt müge werden: Nemlich/ die sich vor Gott demütigen/ jre sünd erkennen vnd bekennen/ von hertzen rew vnd laid darüber haben/ Ob dem zorn vnd straff GOTtes/ so auff die sünd folget/ erschrecken/ an jn/ all jrem vnd anderer verdienst vnd hülff/ verzagen/ vnnd doch darneben dem Euangelio (welchs in dem Namen Christi/ allen so bus thun/ gnad vnd vergebung der sünden zusagt) von hertzen/ vnzweiflich vnd gewis glauben/ vnd wenn sie deñ von sünden entledigt/ rechte frücht der bus würcken/ Matt. iij. vnd v. das ist/ jr leben bessern/ vñ mit hülff des H. Geists von sünden lassen.

Von

# Vonn der Fir-
## mung.

WElche die Papistischen Bischoffe fur ein Sacrament der Tauf/gleich aus teilt/vnd gehalten/vnd noch vnter dem Bapstumb dafur gehalten wirt/ auch von der Firmung oder Oelung/ so an etlichen orten des Bapstumbs/ gleich wie die Bischofliche Firmung/ durch die Pfarherr ein mal im Jar geschicht/mit eitel kleinen/auch vnmündigen kindlein/ vnd von Geitz wegen geübet wird/ sonst die witz eingestrichen bey jhnen genennt/ Lehre ich/das es nit allein kein Sacrament/ sonder weil beides on gewissen grund heiliger schrifft/ zu dem auch am Exempel des HErrn Christi/ on vnterricht im glauben/vnd hailsamer lehre/ mit vilerley misbreuchen gehalten wird/ so sey es auch kein Gottesdienst/vil mehr vnnütz vñ billich zuuerwerffen.    Entgegen aber halt ich fur Christlich/nützlich/vnd der schrifft gemes/ das zum wenigsten alle Christliche Pfarherrn vnd Seelsorger/die jungen Kindlein/ so zu ihrem verstandt komen sein/ auff bequeme stund vñ zeit(wie auch in der ersten kirchen gescheh=

### Von der Firmung.

zůsamen fordern/vñ durch den Catechismum in den stücken/ vnd Artickeln jres Christlichen glaubens/mit fleis üben/ vnnd sie also von jugent auff/ on vnterlas mit dem öl des heiligen geists/das ist/hailsame lehr/ Göttlichs worts/ Balsamirt/gesalbt/vnd erzogen werden.

## Vonn beruffung der
### Lehrer zum Predigampt.

SO die Papisten die Priester Weihe nennen/lehre ich/ das sich niemandt in der Kirchen (ob wir Christen schon alle durch die Tauff/ zu geistlichen Priestern geweihet/ vnd Gott allwegen geistliche opffer opffern sollen)on ordenlichen beruff/offentlich zupredigen/ lehren/oder Sacrament auszuteilen/ eindringen/oder(wie die tollen Widertauffer)vnterstehen solle/sonder es ist in alweg nutzlich vnd nötig(damit es nach der lehr des heiligē Apostels Pauli/bey vns alles fein ordenlich zugehe/ vnd niemand die hand alzubald auffgelegt werde) Das alle so zum Predigampt gebraucht werden

## Vom Predigampt.

den/ ſollen am erſten ordenlich von den geringſten an bis zum meiſten / in allen Artickeln der Lehr/ erfragt/ vnd Examinirt werden/ vnd alsdann/ wo ſie fur tüglich erfunden/ nit/ wie des Bapſts geſchmirten Pfaffen mit ihrer Meß/ zu Mitlern/ Gott vnd der Menſchen/ ſondern zu Dienern/ vnd Predigern der reinen lehr des Euangelions Chriſti / vnd derer von im eingeſetzten heiligen Sacrament/ geſetzt/ vnd zu den bemelten Kirchendienſten angenomen werden.

## Vom Eheſtand.

LEhre ich/ das er anfenglich in erſchaffung der Welt / vnd aller Creaturen/ vor allen andern ſtänden/ von Gott noch in der vnſchuld/ vnſer erſten Elter/ Ade vnd Eue/ ein heiliger ſtand/ vnnd kein Sacrament/ (wie der Antichriſt vnd ſein Rott treumen) weil weder verheiſſung der gnaden/ noch vergebung der ſünden daran hengt/ wie an der Tauff/ Abſolution vnd Abentmal/ eingeſetzt ſey/ dadurch die Welt erwachſen/ vnd noch als durch ein Götlich mittel erhalten wird/ Vnd dieweil es ein

## Vom Ehestand.

weltlicher stand ist/ so zu disem zeitlichen leben gehört/ sol man nach den weltlichen burgerlichen Rechten(die auch Gottes ordnung) in verbottenen gradibus consanguinitatis et affinitatis/nit zusamen heiraten/vnd das die beheyratungen von den Kindern nit mutwillig/ freuenlich/ vnrechtmessig/ oder ausser vorwissen/ vnd bewilligung irer Eltern/ vnter welcher gewalt sie noch sein/ angefangen werden sollen/ Wie das vierde Gebot Gottes/ Du solt Vatter vnd Mutter Ehren/ gewaltig vnd fest stehet/vnd kein Exempel in heiliger Schrifft/ das sich zwey Kinder selb mit einander verlobt haben/gefunden vnd gebillicht wirt/ sonder solche verlobung aignet allemal die Heilig Schrifft den Eltern zu/wie der Prophet Hiere. am xlix. zu den Eltern sagt/ Gebet ewren Töchtern Männer/ vnd ewren Sönen Weiber/ Item Exodi am xxi. sagt Moses/ Wo der Vatter dem Son ein Weib gibt/rc. spricht nit/ wo jme der Son/on oder ausser des Vattern ein weib nimpt/ Also namen Isaac vnd Jacob Weiber aus väterlichem befelch/ Wo derhalben Winckelheirat/ vnd heimlich ausser der Eltern wissen vn willen contract geschehen/sein sie nit für

ein.

## Vom Ehestand.

ein bündige Ehe zuhalten/ Doch das die schuld nit an den Eltern lige/ die Eltern sich gegen jren Kindern nit vnuäterlich erzeigen/ jres väterlichen ampts ( welches sich zu beförderung vnd hülff diser sachen strecket) hierin nit vergessen/ vnnd sie die Eltern auch hinwider jhre Kinder ausser vnd on derselben wissen vnd willen/ nit zur Ehe hingeben/ oder zwingen/ sonder das auff beiden teilen/ wissen vnd willen vorhanden sey/ wie Genes. am xxiiii. geschriben stehet/ das Rebecca zuuor darumb gefragt war/ vnd jhr vol wort vnnd willen drein gab/ das sie Jsaacs weib sein solt ꝛc. Vnd solten die Eltern bedencken/ zu rechter zeit/ jhren Kindern zur Ehe zuhelffen/ das sie von GOtt nemlich geschaffen sind/ früchte jres leibs von sich zuziehen/ Derhalben sie mit nichte daran verhindern sollen/ wie etwa zwischen Stieffuätern vnd kindern/ oder Waisen vnnd Vormundern/ geschicht/ da man mehr nach des kinds gut denn nach seiner notturfft trachtet/ oder auch wol rechte Vätter/ die mehr auff jhren eigen geitz/ denn jhr eigen fleisch vnnd Blut/ das ist/ der Kinder Seelen hail vnnd seligkeit/ sehen vnd gedencken/ Wo es dann also zugehet/ sein warlich

die

## Vom Ehestand.

Die kinder frey/vnd damit sie nit durch die sün=
de/wider Gott (darzu jnen die Eltern auff vor
obbemelte weise vrsach geben) verderben oder
verdampt werden/mögen sie thun als were jh=
nen Vater vñ Muter tod/jrer seelen bestes selb
bedencken/sich in Gottes Namen verloben/vñ
dem verderben auffs best sie könen/furkomen/
Doch so fer; das das Kind den Vater darumm
zuuor ersuche/oder durch andere ersuchen vnd
ermanen lasse/vnd also gewis sey/das der Va=
ter oder freund nichts wölle darzu thun / oder
mit vergeblichen worten jmmer vnd jmer auff=
ziehen/sein väterlich pflicht vnd ampt/mit jnen
nit wölle teilen/ sondern misbrauchen vnd an=
stehen lassen/:c.

Ferner dieweil die Natur der Menschen
böser lüst/vnreinigkeit / vnd falscher begir vol
ist/so sollen vnd mügen alle die so nicht keusch/
oder on arge brunst leben können/ nach der lehr
Pauli heyraten/vnd niemand/er sey Lay (wie
mans nennet) oder Priester/ Ehelich zuleben
verboten sein/ Dann Paulus den Bischouen
nit allein Eheweiber zuleßt/sonder die Ehe ver
bieter/irrige Geister/vnd Teuffels Lehrer nen=
net/ Vñ j. Cor. vij. spricht/Es sey besser heyra=
ten denn brennen.                    Von

# Von der Oelung.

Damit die krancken/von den Papisten gesalbet/vnd auch fur ein Sacrament gehalten wird/Lehre vnd bekenn ich/das gleichwol zur zeit der Apostel/die ölsalbung bey den Krancken/als ein zeichen der gab jnen von Got/die krancken von jren leiblichen gebrechen zuerledigen/vnd gesund zumachen gegeben/gebraucht ist worden/ Dieweil aber dise den Aposteln von Christo gegebne gab/ inn der Kirchen nit bliben/noch bis auff vns kommen/ auch die Kirch/durch Christum kein sonderlichen befelh daruon hat/so ist auch dises zeichen der Olung nun weiter bey vns zugebrauchen/vnnot/ Wo es denn auch/ als von den Papisten geschicht/ fur ein Sacrament/ oder zeichen der gnaden/ vnd vergebung der sünden/gleich der Tauff vñ Abentmal/wider der alten Lehrer selb meinũg gebraucht vnd gehalten wirt/ so ists darzu als vnrecht/vnd als ein Irthumb/zuuerdammen.

# Vom freyen Willen.

### Vom Freyen Willen.

LEhre tch/ Das gleichwol/ die Ersten vnsere Eltern Adam vnnd Eua / von Gott also (das sie ein freyen willen hetten/ mit rainem hertzen Gott zulieben / guts vnd böses zuthun vermochten) erschaffen sein / so haben sie doch durch die vbertretung Göttliches gebots/ nit allein fur sich selb/ sonder auch fur alle ire nachkomen / disen freyen willen wider verlorn/ Also / das nun alle Menschen gleichwol etlicher massen/die sachen des eusserlichen zeitlichen lebens / vnd was der Mensch mit seiner vernunfft ergreiffen kan/ auch gutes vnd böses zuthun / belangend / ein Freyen Willen haben/ Aber in Gottes sachen / vnd in dingen die seligkeit betreffend / Als sich mit hertzen zu Gott bekehren/ Gott gefellig werden/ Gott recht lieben/ förchten/ glauben / vnd die angebornen bösen lüsst in jhnen tilgen / oder aus dem hertzen werffen/ darzu haben sie nicht das wenigst ein freyen willen / sonder das alles mus allein der Heilig Geist in der Menschen hertzen wircken/ wie das die Biblisch vnd viler alten Väter Schrifft gnugsam erweisen.

Von

## Vom Gebet.

LEhre/vnnd bekenne ich/ Das es von Gott ein gegebnes mittel sey/ durch welchs wir jhn als vnsern Vatter/ in rechtem glauben vnnd zuuersicht/ all vnser not täglich furtragen sollen/ vnd das aller menschen Gebet/ so nit auff das werck/oder aigens verdinst/ sonder in dem glauben auff Christum/vnd sein verheissung allein gestelt/gewislich (wo anders nichts wider die seligkeit darin gebetten) vonn Gott gewert vnd erhört wirt.

## Von der Heiligen dienst.

LEhre ich/Das man aller derer heiligen (welche/weil sie noch hie gelebt/entweder der Kirchen mit reiner Lehr/ gutem Exempel oder leben/gedient vnd nutzlich gewesen/bey Christo in aller trübsal bliben/vnnd von seines Namens vnd worts wegen/jren leib willig zur marter gebē/ oder sonst senfftmütiglich in Christo entschlaffen/ehrlich gedencken/vnd derer reinen Lehr/Exempel/leben/vñ bestēndigkeit/ auch folgē solle/ Das aber dieselben von jemand (wie die tollen Papisten lernen) in nötē angeruffen/ oder nebē Gott angebett werden sollen/ das ist

## Von der Heiligen dienst.

(weil anruffen vnd anbeten/ nach heiliger Göttlicher schrifft allein Gott der menschen hertzen vnd gedancken ein erkundiger ist/zugehört) ein offentliche Gotteslesterung/vñ der ehren Göttlicher Maiestet verkleinerung/ dann Paulus Rom. x. sagt/man könne keinen anruffen/ inn den man nit glaube/ Nun sol man je in die Heiligen nit glauben/Ergo/ so sol man sie auch nit anruffen/ noch in ihrem Namen etwas suchen oder bitten/ Dann vns allein in dem Namen Christi ( der zwischen Gott vnd vnser ein einiger Mitler ist)erhörung vnsers Gebets/zugesagt vnd verheissen ist.

## Vom gedechtnis der Abgestorbnen.

Glaub/vnd lehre ich/ Das ja ein jedlicher/ so durch den glauben in Christo entschläfft/ein gewisser Heilig sey/ Jedoch wil fromen/Gottsförchtigen leuten gebüren/ das sie irer vorfoder vnd Eltern/ in Christo verschiden/ehrlich gedencken/ vnd den lebendigen iren freund-

### Vom gedechnis der abgestorben.

Freunden/ vmb derer wolthat willen/ gutes thun/ der hoffnung ihrer aufferstehung gewis sein/als bald nach jrem absterben/zu ehrlichem Begrebnus/nach eines jeden orts gelegenheit/ mit Christlichen Gesängen/vnnd anderer (den lebendigen) nutzlicher erinnerung/ bringen vnd besetigen/ jnen aus lieb die seligkeit wünschen/ vnd damit bis auff den tag des Gerichts/ vnd aufferstehung alles fleisches im Namen Gottes rwhen lassen/ Sein derhalben der Papisten Gauckelwerck/ so sie bey vnd mit den todten/durch ihre Vigilien/ Jartägen/ vnd Seelmessen(damit sie jren vnglauben vnd verzweiflung ab derer seligkeit bekommen) täglich ohn auffhören begehen/ als lauter aberglaubische Menschen gedancken/zuuerwerffen/ Dann sie nit den kleinsten grund Heiliger schrifft haben/ durch welchen sie obberürten jren todten Jarmarckt/ Fegfewr/ erweisen können/ allein das sie ihnen das Buch Machabeorum(da fur die Todten ein grosse anzal Silbers geopffert sein sol) zu behelff nemen/vnnd doch der Schreiber allein sein gutbedüncken/ anzeigt/ auch ob Er recht geschriben/vnd die sach wol getroffen/selb zweifelt/vnd vmb verzeihung bittet/ Darumb nichts

### Vom gedechtnis der abgestorben.

nichts darauff zufussen/dann die heilig schrifft vnd Gotteswort stehet nit im gutduncken vnd zweifel/Darumb alles was aus eines Menschen gutduncken geschicht/ vnd warinn man zweifelt/ist dem glauben/heiliger schrifft / vnd Gottes wort zuwider / vnnd kan nichts bestendigs darauff gebawt noch geschlossen werden.

### Vom Kirchen gewalt.

Bekenn/lehre/vnd glaub ich/das Christus allen seinen Aposteln/vnd derer nachkömling im ampt zugleich vnnd gemein/ sein Euangelium bis ans end der welt zupredigen/die sünder zustraffen / in vnnd von sünden zuentbinden / die heiligen Sacrament zureichen/vnd seinem befelch nach auszuteilen/mit disem austrucklichen befelch/ gewalt geben hat/ da Er spricht Matth. x. Wie mich mein Vater gesend hat/also sende ich euch/ vnnd Johan. xx. Nemet hin den Heiligen Geist/ welchen ihr die sünde vergebt/dem sein sie vergeben/Vnd wem ir sie behaltet / dem sein sie behalten.         Item Marci am xvj. Gehet hin vnd predigt das Euangelium/allen Creaturen/vnd tauffet sie im Namen des Vatters/ vnd des Sons/ vñ des Heiligen Geists/ Wer da glaubt vnd getaufft wirt

## Vom Kirchen gewalt.

wirt/ꝛc. vnd das alle so ordenlich zum Predig-
ampt beruffen/ solchen gwalt in gleicher macht
durchs wort vnd Sacrament zufüren haben/
Aber nit wie vnter dem Bapstumb/ da nit al-
lein der persönlichen Empter halben/ Als da
einer ein Bischof oder Rector/ einer ein Pastor
oder Hirt/ der ander ein Diacon oder Lehrer
ist/ vnd ein jeder nach denen sondern von Gott
verlihenen gaben/ sein sonder ampt hat/ sonder
in dem von Christo der Kirchen/ in seinem wort/
vbergebnen gewalt/ ein sehr vnmesliche discre-
tion vnnd vnterscheid/ gemacht vnd gehalten
wird/ Also das einer mehr macht denn der an-
der/ in seinem ampt vnd geistlichen Seelsorge/
zuthun vnd nit zuthun hat/ vnd beide Gottes-
dienst/ vnd sünde der Menschen/ in sonderbare
gradus regiminis et Potestatis/ vnter jhnen
ausgeteilt sind/ wie jre statuta vermügen/ Zu-
dem auch an dem ain mal von Christo dargeb-
nem/ vnnd seiner Kirchen geschenckten gewalt
nit benügt/ sonder sich mit jrem hauffen vnter
dem schein vnd namen des rechten Kirchen ge-
walts/ der sich den nit weiter dañ Gottes wort
strecket/ eines falschẽ von jn selb erdichten Anti
christischẽ gewalts angemast/ vñ wider die hai
samen Christi vnd

## Vom Kirchen gewalt.

vnnd seiner Aposteln gestifften Gottesdienst/ Sacrament/reiner Lehr vnnd glaubens/newe Götzendienst/ falsche Tradition vnd aigne satzung/zu schmach Göttlicher satzung / zertheilung vnd änderung der hochwirdigen Sacrament/verfelschung vnd zerstörung rainer Lehr Gottes worts vnd glaubens/auffgericht/ vnd bey verlierung/leibs/guts vnd der seelen/ allen Menschen(vnter dem tittel vnd falschen schein der Kirchen vnd jres gewalts)solchen jren wider Gott verderblichen satzungē/als Artickeln des glaubens/vnd neben / ja wol ober Gottes wort vnnd gebot/zugehorchen geboten haben/ da doch solcher gewalt / den Engeln im Himel/ ich geschweig lügenhafften Menschē/von Christo nit gegeben/noch zugelassen worden. Auch hat die rechte Kirchen vnnd Gespons Christi/ nichts an vnd wider jres Haubts vnd Breutigams/willen vnd gebot/zuthun / vil weniger etwas in der Lehr vnd Gsetzen desselben zuendern / wie Christus sagt zu seinen Jüngern Matth. am letzten/ Gehet hin / vnd lehret sie halten alles was ich euch geboten hab. Er spricht nit / Lehret sie endern vnd auff heben / was ich geboten habe/ Vnd Matth. v. Wer das
kleinst

## Vom Kirchen gewalt.

kleinst meiner gebot ains auff löset/vnd die leut also lehret/der sol der kleinst imm Himelreich sein/ Item Matthei am xvij. hat der Vatter vom Himel herab geschrien/vnnd auff seinen Sohn gezeigt: Disen solt jhr hören. Item Deuterono. am xviij. lengst zuuor sagt GOTT/ Ich wil jnen einen Prophe=ten erwecken(versteh Christum)dem wil ich mein wort inn seinen Mund legen/vnd sol jnen sagen/ alles was ich jn heisse/ Wer aber sein wort nit hören wirt/das wil ich rechen.

Dise Sprüche lassen der Kirchen vnnd den Aposteln Christi/ kein gewalt/ Christus wort zuändern/oder auffzuheben/sonder wer-ffens vnter Christi wort/ vnd heissen sie darob halten/ als ein ernstlich GOTTES Gebot/ das Er straffen wil/ wo es nicht also gehalten wirt/darumb er billich die so es gar auff heben oder ändern(als das Bapstumb vnd Schwermer thun)vngestrafft nit lassen wird.

F. Von

# Von der Weltlichen
## Obrigkeit.

LEhre ich/das sie von Gott/Gottes ordnung vnd gabe sey/der man in allen eusserlichen leiblichen dingen gäntzlich (ob sie auch gleich bös vnd Gottlos) vmb Gottes/vñ des gewissens willen/zugehorsamen schuldig/ vnd das ein jeder/damit sie die fromen durchs Schwerd zuschutzen/ vnd die bösen zustraffen mechtig/vñ gewaltig sein/Zins/Schos/Rent vnd stewer geben/vnd nit wägern solle/ Das auch ein Christ (wider der vnsinnigen Widertauffer falsches trewmen/die das welelich schwerd auff heben vnd zerstören) so er teuglich geacht vnd beruffen wird/ ohn alle verhinderung seiner seelêheil (wo er anders seiner pflicht nach dem ampt wol vorsicht) ein Obrigkeit sein mag doch das sie zu erhaltung frid/ ainigkeit/ recht/ vnd gerechtigkeit/gute zucht/ Policey/vnd Erbarlich wesen/vnd vor allen dingen in irer verwaltung/reine Lehr des Euangelions / wahre Religion vnd Gottesdienst/ als vil an jnen ist/ neben den fromen schutzen vñ erhalten/Abgötterey/falsche Lehr vnd Gottesdienst neben den
bösen

## Von weltlicher Obrigkeit.

bösen steweren vnd weren/ auch an der ehr vnd gehorsam/ so men Gott vergünt/ vnd geben/ benügt sein/ vnd nit den gehorsam/ so man Gott allein zuleisten/ vnd der menschen seel vnd seligkeit antrifft/ neben vnd vnter dem schein/ des gebürlichen eusserlichen gehorsams/ so der Menschen leib vnd gut allein betrifft (wie leider vil geschicht) zu sich reissen/ Ob aber ie ein Obrigkeit (wie Pharao/ Nabuchodonosor/ Herodes/ Nero ꝛc.) so Gotlos/ die sich zu Herrn vber Got Gottes wort vnd Gottsdienst/ glauben vñ gewissen/ der menschen setzen/ vnd den jenigen dawider zuthun gebieten/ vnd hierin gehorsam zu sein aufferlegen vnd befelhen würde/ so ist doch kein Christ/ solchen gehorsam (wider sein in der Tauff Gott einmal gethan gelübd/ vnd geschwornen Eid) zulaisten mit nichte schuldig noch verbunden/ sonder mus nach dem Spruch Petri/ Gottes gehorsam vnd gunst/ mehr dañ der Menschen gunst vnd gehorsam/ ansehen vnnd folgen/ vnd was im Namen Gottes/ vnd seines worts willen darüber begegnet/ leiden vnd tragen.

F ij         Also

## Beschlus.

Also hab ich auffs kürtzest/ Gott lob/ die Confession/ grund vnd Summa meiner Lehr/ Die ich nach der mir GOTT verlihenen kleinen mas/ von Artickel zu Artickel bisher bey meinen Herren vnd bey meinen Schäflin/ derer fürgesetzter Seelsorger ich nun in das fünffte Jar gewesen/ Dem Edlen Gestrengen Herrn Christoffen Jörger/ zu Tollet vñ Kreuspach/ Römtscher Kei: Mt: Rat/ Der Wolgebornen Frawen Barbara/ gebornen Freyin von Harrach/ Seiner Ehelichen Gemahel/ auch deren geliebten Kindern/ HErrn Helmharten Jörger/ sampt Frawen Elisabet geborner Grabmerin/ seiner Hausfrawen/ Abraham/ Wolffgangen/ vnnd Bernharten/ gebrüdern/ Auch Frawen Barbara/ des Edlen vnd Vesten Adam Mülwanger Ehelichen Gemahel/ beyder seligen/ Vnd Dorothea/ des Edlen vnd Vesten Erasmo Leysser zu Jdaltsperg/ vñ Neintzenhoff Hausfraw/ Obgemelts meins gnedigen Herrn Christoffen Jörgers von wolgedachter seiner Gemahel/ Eheleiblichen Söne vnd Töchtern (Welche ich auch inn meiner zu jnen ankunfft/ Also/ vñ on all andere falsche Lehr befunden) meinem bis anher müglichen
fleis

## Beschlus.

fleis nach (des sie mir dann mit warheit zeugnis geben werden) getriben/mit diser schrifftlichen Bekentnis beschlossen) Vnd nit darumb/ das ich ainichen rhum / eitele Ehr/ oder was newes das vor nie erhört/ so es doch alles zuuor/wie die helle Sonne/ was zu rechtem glauben leben vnd seligkeit / der Menschen gehört/ Ja vberflüssig vnd so reichlich vnd lauter / als zu der Apostel zeit/durch vil gelehrte von Gott auserwelte Männer/Vnd sonderlich den fromen geistreichen Man/Martinum Lutherum (seligen)vnser aller lieben vnd trewen/ Apostolischen/Biblischen/Preceptorn vnnd Lehrmeister (erkleret vnd in schrifft verfasset) hiedurch suche oder herfür bringe / wie mir meine vnnd zuuor Gottes vnd seines allerheiligsten worts erbitterte Feind/oder sonst jemand der Heuchler zumessen möchte/durch den Druck auch an tag geben wöllen / sonder erstlich das ich von erstbenanten meinen Herren vñ meinen Schäflein/damit sie nit sampt vñ neben mir falscher Lehr/Irthumbs/Rotterey/ ⁊c. vnnd das sie Lehrer wider die Augspurgische Confession/ bey vnd in jren Gebieten auffhalten/mit grund beklagt / vnd beschuldigt/ noch bezigen werden mögen

## Beschluß.

mögen) zum höchsten darumb angelangt vnd gebeten worden.

Zum andern/ das ich auch hiemit allen Lügenmeulern/ so mich ohn alles wissen vnnd grund/ Jrthum vnd falscher Lehr bezeihen/ vñ noch/ wo nit offentlich/ doch hinder ruck heimlich thun möchten/ jhre heßliche lügen zu ruck stelle/ vnd das Maul stopffe. Zum dritten das ein jeder seiner Lehr vnd glaubens gewis sein/ vnd nach seiner mas schrifftlich oder mündlich zubekennen/ vnd verantwortung dauon zugeben schuldig ist. Zum vierdten/ das ich mich neben meinen Herrn vnnd meinen Schäflein/ auch hiemit offentlich der Augspurgischẽ Confession/ als haubt reinem auszug auff der Apostel vnd Propheten Schrifft/ eingeleibt haben wil/ vnd mit hülff vnd sterck Gottes Heiligen Geists (wie ich anfangs in der Tauff/ vñ auch der empfahung/ des waren Leibs vnd Bluts Christi im Abentmal/ als dem zeichen rechter Bekantnis/ gelobt habe/ bis ans Ende daben beharren/ Entgegen dem Bapst als Antichrist/ vnd seinem Reich/ sampt allerley handt Jrthumb/ Rotten vnd Secten/ so sich wider vnd

## Beschlus.

vnd vnter reine Lehr Göttlichs worts/ vnd im schein mehrgemelter Augspurgischen Confession/ vor vnd jetzt erregen vnd einmengen/ als der Seruetischen/ Schwenckfeldischen/ Antinomischen/ Oecolampadischen/ Caluinischen/ Osiandrischen/ Stankaristischen/ Adiaphoristischen/ newen Pelagianischen/ Das der freye wille etwas zu bekehrung der Menschen hertzen vermüge/ Gute werck zur seligkeit nötig sein sollen/ꝛc. vnd was sie noch mehr wider vorgemelte heilsame Lehre vnd Confession/ durch den Teuffel vnd seine kinder/ setzen vnd erregen möchte/ gleichermassen verworffen/ vnd gäntzlich widersprochen haben/ Gott gebe sein gnad/ Amen.

Volgen

Volgen etliche Send
brieue Docto. Marti-
ni Lutheri an die För-
gerischen geschriben.

Gedruckt im Jar / M. D. Lxj.

## Dem Gestrengen vñ
Vesten Christoffen Jörger / zu Tol=
let vnd Kreuspach / meinem gun=
stigen besondern lieben Herrn vnnd
Freund.

**G**nad vnd frid
inn Christo / Gestren=
ger vnd vester lieber Junck-
herr / Ich schick euch hie /
Herrn Micheln Stiffeln
zum Prediger / wie ir mich gebeten habt / Vnnd
bitte widerumb / wollet denselbigen euch lassen
befolhen sein / Es ist ein fromb / gelehrt / sittich /
vnd fleissiger Mensch / das ich hoffe Er sol gu-
ten nutz bey euch schaffen / Ich hab auch des-
gleichen ewer lieben Muter geschriben / wie ihr
begert habt / durch disen Herrn Micheln. Gott
geb euch allen seinen segen / das ihr seine Ehre
sehen vnd ausbreiten möget / Amen / vñ grüst
mir in Christo ewer liebe Muter sampt allen
ewren / Hiemit Gott befolhen. Zu Wittem-
berg am Sonabent nach Exaudi. M. D. xxv:
Martinus Luther D.
G. Gnad.

## Sendbrieue Lutheri.

GNad vnd fride in Christo Jesu/ Gestrenger Vester lieber Herr vñ freund/ Ich hab HErr Michel Stiffeln furwar mit freuden empfangen/ inn sonderheit weil ewer zeugnis so gut von im gehet/ Christus wirt ob seinem wort wol halten / das es euch nicht die lenge entzogen werde/ sonder mit grosser frucht wider komen lassen/ In des müst ir gedult haben / bis das Wetter vberhin gehe. Ihr habt recht gethan/ das ihr Herrn Micheln habt lassen ziehen/ weil sichs nicht gebürt/ auch nit vermügt in zuschutzen/ Dann ein jeglicher mus fur sich selbs sehen vnd bekennen/ in disem fal/ dazu euch GOtt gnad gebe/ welche stund es euch not sein wird/ Grüsset in Christo ewer liebe Gemahel/ die euch GOtt segne/ nach seinem lob vnd Ehren/ Amen Hiemit GOtt befolhen/ Amen/ Wittemberg Epiphanie Domini/ M: D. xxvij.

D. Martinus Luther/

Gnad

## Sendbrieue Lutheri.

Gnade vnd fride im HErrn / Ge=
strenger Ehrnuester lieber Herr vnd freu-
nd / Aus ewer Schrifft an Magister Georg
Maior vnd mich gethan / hab ich vernommen/
wie euch fast sehr beschwert/ das jhr/ als ein
Regent zu N. sollet mit zum Opffer vnnd al-
lerley Bäpsterey gehen / vnd euch als ein rech-
ter Papist stellen/in eusserlichen geberden / vnd
doch im hertzen vil anders vnd dawider gesin-
net sich fülen/sonderlich weil durch solch Exem
pel/jhenes theil gestercket/ vnd dis theil geergert
oder geschwechet/darauff jr võ mir trost begert.

Erstlich weil ewer gewissen sich
hierin beschweret findet/ So könt jr
keinen bessern Ratmeister noch Do=
ctor finden/deñ eben solch ewer eigen
gewissen/Warumb wolt Jr also le=
ben/das euch on vnterlas ewer Ge-
wissen solt beissen vñ straffen/ auch
kein ruhe lassen / were doch das die
rechte / wie mans vorzeiten hieß/
Vorburg der Hellen.

G ij     Dar-

## Sendbrieue Lutheri.

Darumb wo ewer gewissen hierin vnruwig oder vngewis ist/da suchet wo jr könt / das jhr aus solcher vnruw ( welche strebt wider den Glauben der ein sicher fest gewissen machen sol) jhe lenger jhe mehr euch wickeln mügt / vnnd daheimen wie bisher/ inn dem ewrigen bey dem Wort bleiben/ Dann das jhr solt mit den andern offentlichen in Procession/opffern / vnnd dergleichen euch begeben / so ewer gewissen dawider murret/nach dem jr die warheit erkent/ so wird solchs eben so vil als die warheit verleugnet heissen/Wie Paulus zun Römern am xiiij.sagt/Wer wider sein gewissen thut/der ist verdampt/oder wie seine wort lauten/ Was nicht aus dem glauben gehet/ das ist sünde. Solches vnnd des mehr acht ich / werdet jhr aus der Schrifft vnd andern Büchern / welche das gewissen wol lehren vnd halten / gnugsam verstanden haben. Ewer N. ist nicht Gottes Diener in solchen sachen/ Darumb ob jm gleich jederman schuldig ist im zeitlichen zugehorchen/ So kan man jhm doch in geistlichen sachen/ (die Ewigs leben antreffen) nicht gehorsam sein/ Als der nicht kan ewiges leben geben / vnd keinen befelch/ sondern eitel verbot

hat

### Sendbrieue Lutheri.

hat von GOtt/ sich des geistlichen Ewigen lebens zu vnterstehen vnd zumeistern/ in seinem Regiment/ Sonder sol selbs Schuler vnd vnterthan sein GOTTEs wort/ wie alle Creatur/ ꝛc. Hiemit dem lieben GOTT befohlen/ AMEN.     Montags nach dem Christage/ M. D. xxxiiij.

D. Martinus Luther/

### Sendbrieue Lutheri.

Gnad vnd frid im Herrn/ Gestrenger Ehrnuester lieber Herr vnd Freund/ Ich hör es gern/das ihr vom Ampt erlöset/ vnd in besser rwhe des gewissens kommen seid/ Wir haben den Herrn Leopold Secretarien gern gehört/vnd vnsers geringen vermögens dienst vnd willen erboten/wo zu Er vnser bedarff. Das bey euch das liebe wort so schweerlich gehet/ des mus sich erbarmen/ der Vater aller Barmhertzigkeit/  Die Herren sind zum teil vnselige Leute/vnd gehet ihnen wie dem König Ahas zu Jherusalem/ welcher auch ihe mehr vnglücks jn vberfiele/ ihe mehr Er wider Gott strebet/des ich wol dencken kan/ wo GOtt seinen heiligen Namen nicht ehren wird/so kans der Herren halber nicht gut werden/ so die gewissen beschweren//vnd stercken den feind Christi den Bapst/das vil Seelen ohne GOTTes wort bleiben müssen/ Darumb ist not zu bitten mit ernst/ Das der lieb Vatter nicht wölle ansehen/ vnser verdienst/ vnd der Feind toben/ Sondern seine blosse gnad vnnd barmhertzigkeit/ vnd inn vns vnwirdigen seinen Namen Ehren/ Das der Türcke nicht rhüme/ Wo ist

iiij

### Sendbrieue Lutheri.

nu jhr GOTT? denn Er hat lang gnug gerhümet / vnnd ist hoch kommen / mit mörden vnd lestern/ GOTT wölle jhm stewren vnd wehren/ vnd sein ein Ende machen / AMEN. Grüsset mir ewer liebe Fraw Mutter. Hiemit GOTT befolhen / AMEN/ Zu Wittemberg am xvij. Aprilis/ M. D. xlv.

Martinus Luther D.

Der

## Der Edlen vnd Tugendtreichen Frawen / Dorothea Jörgerin / Widwe zu Tollet vnnd Köppach/ meiner besondern Freundin in Christo.

GNad vnd fride in Christo / Edle Tugentreiche Fraw/ Ich hab ewre Schrifft an mich / sampt der Quitten Ladwerge/ dazu auch meine liebe Kethe die vier Vngerische Gülden in jhrem Brieff empfangen/ vnd bedancken vns beide gegen euch auffs freundlichst/ So hab ich Er Michel Stiffel das sein auch zugestelt / des widerschrifft ich alle stund warte/ Das auch ewer schrifft meldet vnd begert/ die fünffhundert Gülden/ so jhr fürhabt anzulegen an arme Gesellen/ so in der Heiligen schrifft studirn/2c. hab ich mit Magistro Philippo sampt andern meinen guten Herrn vnnd Freunden/ fur das beste angesehen / weil es an solch nötig nutzlich werck sol angelegt werden/ das es auff Zins würde ausgethan/ damit es ewig vnd vilen möcht behilflich sein/ Denn man zwo Personen Järlich mit solchen Zinsen/ ein gute

## Sendbrieue Lutheri.

gute hülff thun kan / so lang es gemerckt wirt/ wol angelegt sein / welche wir der Vniuersitet zu Witteinberg auffzusehen wolten befelhen. Demnach hab ich mit fleis geschriben Herrn Lasaro Spengler Syndico zu Nürnberg/ das Er solch Gülden wolt/ durch trewe händler (wie Er wol zuthun weis) zu Lintz lassen erfragen/ vnd zu sich nemen / lauts ewer Handschrifft/ die ich ihm mit meiner schrifft (auff wider zuschicken) zugefertigt hab / daneben gebeten das er förderlich dazu thun wolt/ damit es auff dem Rathause zu Nürmberg möcht auffgenomen vnd verschriben werden/ welchs am aller gewisesten were/ wo nicht das ers zu mir schicket/ vnnd anderswo angelegt würde/ So nun euch dise meinung gefiele/ so were die sach schlecht / Ich wil fur meine Person dazu thun das beste/ so ich immer mag/ vnd bin fro/ das Gott ewer hertz bewegt hat/ solch gut hertz inn Christo zubedencken / Denn leider ietzo auch bey vns/ da doch GOttes wort / bis zu vberdrus reichlich gepredigt wird/solcher gnade wenig oder gar nichts scheinet / sondern vil mehr das widerspil/ das sie ihre arme Pfarrherr schier erhüngern/ beide die vom Adel/ Bawr

H vnd

### Sendbrieue Lutheri.

vñ ist jederman zu rauben geneigt/nier den zu-
helffen/Aber es mus villeicht das Sprichwort
war werden/ie mehr rhum ihe erger Christen/
vnd das Matth. am xi. Christus sagt / Es
wirdt die Königin aus Saba aufftreten am
Jungsten tag/vnd das volck verklagen/den sie
vom Ende der welt/ꝛc.    Demselben vnserm
lieben HERrn Jhesu Christo befelhe ich euch
sampt allen den ewren / inn seine reiche gnade/
Amen/Donnstags nach Oculi/ M. D.xxxv.

Martinus Luther D.

Gnad vnd frid/Erbare Tugenthaff-
tige Fraw/ewre schrifft der fünff hundert Gül
den halb /  so man solt zu Lintz auff nechst ver-
gangen Ostern empfangen haben /  ist mir zu
spat kommen/nichts desto weniger hab ich ewr
bitt nach / Martin Seldener zu Nürmberg
durch Herr Lasarum Spengler lassen bitten
vnnd vermanen / das ers noch wolte fördern/
vnd empfahen mit verschreibung/wie sichs ge-
bürt vns gehn Nürmberg schaffen /  Wiewol
ichs gern gesehen / als ich auch vorhin geschri-
ben

## Sendbrieue Lutheri.

ben/ir hett es selber herein geschafft auffs aller gewiss: si jhr könt hett/wel ich auch vermerckt aus ewer schrifft/das es euch bas gefelt/solch Almosen von hand aus zugeben armen Studenten/denn auff Zins anlegen/wo jr auff der meinung bleibt/gefelt mir nit vbel. Das euch auch ein Prediger bekümert hat/ewers Sons halben vnd eins Richters/wie mir Er Michel angezeigt hat/ Solt jr euch nit bekümern noch jrren lassen / lasset sie mit einander ins Recht treten/die sach geht ewer Person nicht an/das Recht wirt sie wol schaiden/vnd darff sich ewr gewissen nichts damit beschweren/ hiemit Got befolhen/ sampt ewren lieben Kindern vnd allen den ewren/Amen.   Datum Wittemberg den rj. May.   M. D. xxxiij.

Ewr williger D. Martinus Luther<br>noch halb kranck

## Sendbrieue Lutheri.

GNade vnd fride im Herrn/ Erbare tugentsame Fraw/ Wir habē ewer liebe Nifftel vnd Kinder alhie angenommen/ vnnd hoffen sie seyen wol vnd Ehrlich versorget/ bey einem fromen Magister Georg Meyer/ Gott geb jnen gnade/ das sie wol studirn vnd fromb werden/ als ich mich gentzlich zu jhnen versehe/ Denn es in diser bösen zeit wol not ist/ das der fromen leute vil weren/ die vns hülffen mit gutem leben vnd beten/ vnser vorigen sünde vnnd tägliche merung desselben fur Gott versünen/ vnd die Ruthen/ so fur der thür ist/ auff vnser Haut gebunden/ abwenden/ Denn die vorigen Abgötterey im Bapstumb (die sie noch nit lassen wollen) vnd vnser vndanckbarkeit drucken vns hart. Der barmhertzig Gott wolte mit seinem h. Geist nachsetzen/ vnnd sein gut werck durch sein Heiliges wort in vns angefangen/ gnediglich volbringen/ Amen/ in des gnade ich euch befelhe/ Vnd bittet fur mich vmb ein seliges stündlein/ Denn es solt ja nu mehr die zeit da sein/ meiner heimfart vnd ruge.    Datum die S. Margareta/    M. D. xxxiiij.

Martinus Luther D.
Gnad

## Sendbrieue Lutheri.

Gnad vnd frid in Christo/ Edle/ tugentsame Fraw/ Ich füg euch zuwissen/das mir von ewern wegen/ sind die fünff hundert Gulden/ an guter grober Müntz zukommen/ durch Wolffgang Seldener gen Leiptzig/ vnd von dannen durch Georg Kirmeyr/ anher gen Wittemberg verschafft/vnd wil sie ewr bitt vnd beger nach austheilen/vnd des Er Andres nit vergessen/ vnd hundert hab ich mit rhat guter Herrn vnd Freunde/schon dauon auszuteilen verordnet/ Nu haben dieselbigen guten Herrn vnd Freund wol furgeschlagen/ das man die andern vier hundert hette an Zinß angelegt/ vñ damit zwey Stipendia gestifft/ so hett man alle drey Jar/ zwen Studenten kommen helffen/Aber ich hab inen geantwortet/ Das ewer wille sey/wie der Brieff lautet/ von der Hand auszuteilen/Haben sie mich gebeten/euch aber mal zuschreiben/ obs ewer beschloßner wille sey/solch gelt stracks von der hand vnter solche arme Gesellen/so in der Heiligen Schrifft studirn/zutheilen/oder ob man zwen ewige Studenten zu fördern/ damit stifften solle/ welchs sie fur das beste ansehen/Solch irer bitte nach hab ich euch zuuor wollen schreiben/ vnnd bit-

### Sendbrieue Lutheri.

ten/ mir noch ein mal zuschreiben/ was ewer wille am besten sey/ so wil ichs trewlich ausrichten/ Ju des sollen die vier hundert Gülden ruhen ligen/bis ich ewr antwort kriege/auff dz ich der guten Herrn bitt nicht verachte/ hiemit behüt euch GOtt sampt allen den ewern/ vnd lasse jm solch ewr treiwes gutes werck/ wolgefallen zu seinem lob vnd Ehren/ Amen. Er Michel hat ein kleines anfechtlein bekommen/ Aber es sol jm nicht schaden/Gott lob/sondern nutze sein. Am xxiiij.Octobris/M.D.xxxiij.

#### Quittung/ D. Martinus Handschrifft.

Ich Martinus Luther Doctor vnd Prediger zu Wittemberg/bekenne mit diser meiner Handschrifft/ das mir alhie zu Wittemberg in meinem Stüblin vberantwortet sind von wegen der Edlen vnd tugentreichen Frawen Dorothea Jörgerin Widwen/ ꝛc. Fünff hundert Gulden an guter grober Müntz/ vnter arme gesellen zuteilen/ die in der heiligen schrifft studirn/wie sie mich denn das schrifftlich gebeten hat/ Solch gelt ist mir durch Georg Fentwiller burger zu Leipzig/Andres Kirmairs von Nürnberg diener vberantwortet/geschehen xxiiij. Octob.1533 mit meinem gewonlichen Pitschafft hievnten auffgedruckt/bezeuget.

## Sendbrieue Lutheri.

Gnad vnd fride inn Christo Erbare Tugentreiche Fraw/ Ich füg euch zuwissen/ das Gott lob ewer Almosen sehr wol angelegt ist/vnd vil Armen geholffen hat/vñ noch hilfft/ das ich nicht kan zweiueln/ GOtt der es euch zuthun hat eingeben/ der zeige auch an offentlich/ das Ers jhm lasse wolgefallen/ als ein liebes Danckopffer/damit jhr bekennet vnd preiset die gnade / so Er euch durch seinen lieben Sohn Jhesum Christum erzeigt hat/ GOtt sterck euch im festen glauben/ vnd verbring inn euch s in angefangen werck seliglich / Amen. Ich habs selbs nicht gewußt/ hette es auch nit geglaubt/ das in diser geringen Statt vnd armen Schul / so vil frommer geschickter Gesellen gewesi weren/die durchs Jar Wasser vnd Brot gezehret/frost vnd kelte gelitten/auff das sie in der Heiligen Schrifft vnd GOTTES wort möchten studiren / welchen ewer Almosen ein grosse labsal vnnd erquickung ist worden/ Ich habs schon ober die helfft außgespendet/vñ schrifft vñ handzeichen empfangen/das es redlichen gesellen vñ keinen losen buben worden ist/solchs hab ich euch nit wollen verhaltẽ/

damit

## Sendbrieue Lutheri.

Damit ir wissen möcht/ wie es mit ewrem Gelt gehe vnd stehe/ Dem Andresen hab ichs meiste fur andern gegeben/zu mal x. Gulden/vnd den wider x. Gulden/ Vnter die andern mit ij. iij. iiij. v. Gülden / darnach sichs hat mit rat guter Freund leiden wollen / vnd sind alle frölich vnd danckbar/ Zum Wahrzeichen schickt man euch durch Michel Stiffel besteller dis Büchlein eingebunden/welchem ich / weil er jetzt ohn Pfarr hat müssen sein/x. Gulden gegeben/vnd er euch sehr lest grüssen.   Christus mit euch vnd allen den ewren/ Amen. Montag nach Jubilate/  M. D. xxxiiij.

Martinus Luther D.

Gnad

### Sendbrieue Luthert.

Gnad vnd frid in Christo/ Tugend=
reiche Erbare liebe Fraw/Es hat mich Er An=
dres gebeten/ das er nicht ohn mein schrifft zu
euch kommen möcht/weil die Lufft alhie seinen
leib nicht leiden wil vnd wegk treibet/ Er wirt
euch wol alle gelegenheit anzeigen/Es geht wie
die Schrifft sagt/ Etlich hungern/ Etlich sind
truncken/ Bey euch ist hunger vnd durst zum
wort Gottes/bey vns ist mans so satt vñ vber
drüssig (onter vilen) das es GOtt verdriessen
mus/ Wolan die Welt ist Welt/Gott helff vns
allen. Ewer Almosen hat (GOtt lob) vil gu=
ten leuten geholffen/so der Heiligen schrifft sich
fleissigen/ Denn gar vil aus andern Landen
vertriben vmbs wort GOttes willen/die bey
vns Wasser vnd Brod gebraucht/ fro worden
sind/ das sie doch haben Bücher/ auch zuweiln
ein Kleidlein mügen kauffen/ dazu ewr Almo=
sen gedienet hat/ Christus vnser Herr wirds
in gefallen lassen/der es auch in ewer hertz zu
thun gegeben hat. Mit mir stehets wie Er
Andres euch sagen wird/itzt starck/ itzt kranck/
itzt frölich/itzt onlustig/ Aber Christus ist den=
noch allezeit der HErr/wil/sol/kan/mus auch
bleiben/ Amen. Er Michel Stiffel hat wider

J ein=

### Sendbrieue Lutheri.

ein Pfarr/ stehet nu besser denn zuuor/ Christus vnser lieber Herr behüte/stercke vnd berette euch vnd alle die ewern/auff seinen seligen zukünfftigen tag/sampt vns allen/ Wir wünschen vnd wolten ja gern/das er bald keme/ denn es wil die welt zu gar vberaus bös werden/ Des helfft vns wider dieselben welt auch bitten/Donnstags nach Ambrosij/ M. D. xxv.

Martinus Luther D.

Gnad vnd fride inn Christo/ vnnd mein arm Pater noster/ ꝛc. Ehrentreiche liebe Fraw/Ich hab Er Andres gehöret/ vnd ewer schrifft empfangen/ Vnd ich danck euch fur das geschenck/ sonderlich des Gréschlins halben wiewol ich gern gewis were ob s der rechten eins were/weil es so new sihet/aber es mag Conterfeit sein oder abgegossen/ꝛc. Es hat mir auch Er Andres angezeigt/ wie jr gern wissen wolt/ ob ihr mit gutem gewissen (weil es der Pfarrher leiden wil) mügt zu haus allein fur ewer Gesind das Euangelion predigen lassen/ doch ausgeschlossen die andere Pfarrkinder
deß

## Sendbrieue Luthers.

denn weil es euch der Pfarherr imm haus wil nachlassen/mügt jhr des so lang brauchen/bis es mit gewalt geweret wird/ Denn jr seit nicht schuldig vmb der andern willen/so durch höher gewalt gezwungen werden/ euch dawider zusetzen / Ein jeglicher mus hierin sich selber wagen/ vnd sein eigen abenthewer stehen. Zum andern laßt euch nicht jrren/ ob die Prediger mit beschmirt oder beschoren sind vom Weychbischoff/denn dieselben sind nicht zum Predigt ampt/sondern zur Winckelmesse geweihet / vñ sind die Priester Baal vnd Hieroboam/ɾc. wer geruffen ist/der ist geweihet vnnd sol predigen/ denen/die jhn beruffen/das ist vnsers HERrn Gottes Weyhe/vnd rechter Chresem/ɾc.
Mein hausfraw lest euch vnd die ewern freundtlich grüssen/hiemit Gott befolhen/ Amen zu Wittemberg Sonntags nach vnser lieben Frawen geburt/ M. D. xxxv.

Martinus Luther.

### Sendbrieue Lutheri.

GNad vnd fride in Christo Jesu/ Ehrentreicht liebe Fraw/ Es hat Er Andres Hechel mit mir geredt / wie jhr willens ein Testament auffzurichten/ ewren Töchtern zu gut/ Aber die Söhne wollen das nit gestatten/ weil sich die Töchter zuuor haben verzigen beide Väterlichs vnd Müterlichs teils/ꝛc. Vñ darauff guten rat begert/ So acht ich/ wo jrs bey den Sönen erheben könd mit güte/ das sie drein verwilligten/ so hette es seinen furgang/ wo aber das nicht sein kan/ vnd die Töchter zu vor solchs vbergeben haben/ so kans ewer Gewissen nicht beschweren/ wo jr das nicht mügt widerbringen/ was sie vergeben haben/ Darumb wollet euch hierin nicht bekümern. Darneben hat mich Er Andres gebeten/ an euch zu schreiben vnnd zu bitten/ das jr die woltthat an jhm begangen voll: nd bis zu Ostern volfüren wollet/ vñ solche kleine zeit noch hie erhalten im Studio/ hierin werd jr euch wol wissen Christlich vnd gütig zuhalten/ Hiemit Gott befolen sampt allen den ewren/ Mein Hausehre fraw Kethe/ lest euch freundlich grüssen. Zu Wittemberg/ Montags nach S. Jacobi/ 1530.

Martinus Luther D.

Gnad

## Sendbrieue Lutheri.

GNade vnd fride im HErrn/ Erbare tugentreiche liebe Fraw/ Ewr Nifftel halben versehe ich mich werd ihr Preceptor M. Georg Maior alle gelegenheit geschriben haben/das jhr aber bekümmert seid/ vber ewer Söne vneinigkeit/wil ich wol glauben/Ist mir warlich beide ihr vneinigkeit vnd ewr trübsal gantz leid/ Nu was sol man thun/es mus vnfal vñ Creutz in disem leben sein/dadurch vns GOtt treibe zu seinem wort vnd Gebet/auff das Er vns erhören vnd trösten möge/ Darumb solt ir nicht ablassen mit Gottes wort sie zur Brüderlichen lieb zu vermanen/ vnd daneben ernstlich bitten/das GOtt zu solchem vornemen sein gedeyen vnd gnad geben wölle/ wie Er vns zubitten vnnd zutrawen befolhen hat/ Bittet so wird euch gegeben/ Suchet so werdet ihr finden/Klopfft an/ so wird euch auffgethan. Ich wolt jhn dismal wol auch schreiben/ aber weil es ein verdacht hat als wer ich durch euch bericht/wil ichs sparen/bis ich sagen könne/das ichs von andern erfaren hab/vnd alsdenn solche böse Exempel/ so scharpff ich kan/ fürbilden/da Gott seine gnad zugebe/ Amen/ Mein Kethe vnd Kinder dancken euch ewers

J iij  grusses

*Sendbrieue Lutheri,*

grusses vnd gutes willen sehr freundlich/ Hiemit Gott befohlen/ Amen/ den fünfften Septembris/ M. D. xliiij.

D. Martinus Luther/

## Eine Notel zur
Form eins Christlichen Testamentes/ fur die Edle Fraw Dorothea Jörgerin Widwe/ ꝛc.

Im Namen vnsers Herrn Jhesu Christi / Amen.

Ich Dorothea Jörgerin/ Herrn Wolffgang Jörgers/ Ritters/ ꝛc. seligen nachgelaßne Widwe / setze vnnd stelle mein Testament oder letzten willen zum Bekentnis meines Glaubens / vnnd zum zeugniß meines lebens/ auff masse vnd weyse wie folget.

Erst=

## Forma ein testaments.

Erstlich bekenne ich/darauff ich auch mit Gottes hülff vnd gnaden bleiben wil/Das ich glaube an Gott den Vatter Schöpffer Himmels vnd der Erden/ Vnd in Jhesum Christum/ ꝛc. Durch disen glauben hat mich mein lieber Herr Jhesus Christus gnediglich geleret/das ich weis/ wie ich allein durch sein blut vnd tod von sünden/ tod vnd Helle erlöset bin/ vnd nicht durch meine werck oder verdienst/die geringsten sünde hab können bezalen/ Sonder je mehr ich gethan hab/sünde oder Atlas zulösen/ je höher ich Got erzürnet vnd seinen Son veracht habe/vmnd ist mir leid/ das ich so lang vnd tieff in eigner werck gerechtigkeit / vnd andern sünden vnd lesterungen/meines HERrn Jesu Christi gelegen bin/ verblendt vnd verfüret / aber bin doch fro vnd dancke jhm von hertzen grund in ewigke.t/das Er mich aus so vilen grossen Jrthumen / darinn ich gesteckt bin/ erlöset vnd erleuchtet hat/ vnd noch täglich behütet vor den falschen Rotten vnd Geistern.

Vnd

## Forma eins Testaments.

Vnnd auff solchen glauben vnd Bekentnis/ hab ich von jm empfangen zu warzeichen vnd versicherung solcher vergebung der sünden vnd erlösung von dem Tod/ die zwey Sigel oder Gemahelschatz/ die Tauffe in meiner Kindheit/ vnd nu das heilige Sacrament seines Leibs vnd Bluts/ damit ich gewis worden bin/ vnd nicht zweiueln mus/ Er sey mein gnediger Gott vnd ich fur jm in gnaden/ durch seinen lieben Son vnsern Herrn/ vnd nicht durch mein verdienst noch gute werck/ Denn ich der Widerteuffer vnd Schwermer lesterung/ wider dise zwey Heilige Sacrament von hertzen vnnd mit ernst verwerffe/ vnd jhnen entsage/ sampt allem Jrthumb/ der wider disen meinen glauben strebet/ jhe gestrebt hat/ oder noch streben mag/ Denn solcher glaube ist aller Heiligen/ vnd der gantzen Christenheit glaube/ vnnd also glaube ich mit jhnen/ vnd sie mit mir/ vnd sind alle durch denselben Glauben Heilig vnnd selig worden mit mir/ vnd ich mit jhnen/ vnd ist kein ander Name noch glaube/ darinne wir kónten heilig vnd selig werden/ Sonder ausser disem glauben ist alles sünde vnd verdampt/ es heisse vnd gleisse/ wie heilig es wolle.

Jm

## Forma eins Testaments.

Jnn disen glauben befehle ich meine seele vnd Geist/in die Hende meines Herrn Jesu Christi/vnd bitte mit hertzen/das Er mich darinne stercke vnd erhalte/fest vnnd vnbefleckt/ bis auff seinen tag/ Denn solch Bekentnis wil ich hinter mir lassen/ vnnd darauff wil ich von disem Jammerthal scheiden/ vnnd mein Ende beschliessen/ Das helff mir mein Herr vñ Heiland Jhesus Christus/ mit dem Vatter vnnd helligen Geist/gelobt vnd gebenedeyet ein ainiger GOTT in Ewigkeit/Amen.

Zum andern befehle/lasse vnd schaffe ich (so vil meinem Mütterlichen Ampt gebüret) meinen lieben Kindern/dasselbige Euangelion vnd glauben/ damit vns GOtt jetzt gnediglich vnd reichlich begabet/ bitte vnnd vermane sie aus aller Müterlicher trew(damit ich sie auch gern als meine geistliche Kinder meinem Gott vberantworten möcht) sie wolten jha fur allen dingen das Reich Gottes vnd seine gerechtigkeit suchen/ fest bey dem Euangelio bleiben vnd halten/dasselbige fördern vnd mehren von gantzem hertzen/beyde vnter sich selbst vnd bey jren Leutlein/ vnd wo sie kennen/ Vnd sich hüten

## Forma eins Testaments.

das jn der Mammon nicht lieber sey / deñ das theivre heilige Blut Jhesu Christi / damit Er vnser sünd vnd tod von vns getriben hat/ Deñ was hülffs/ ob wir aller welt reichthumb gar zu eigen hetten/ vnd solten dises Bluts Christi nit teilhafftig sein noch geniessen/ Deñ es doch alles für Gott ewiglich verflucht vnd vermaledeyet/ was des segens beraubt ist / der das Blut Christi vber vns sprenget/ durch sein heiliges Euangelion.

Zum dritten bitte ich sie auch vnd befihle jhnen Müterlicher pflicht nach / Das sie fest halten wolten an der Brüderlichen lieb vnd einigkeit / vnd keins sich gegen das ander zu vnwillen/ zwitracht oder vngunst bewegen lasse/ Sondern ob sich vrsach zur vnlust erhübe/ mit worten oder wercken / die sollen durch die liebe vnd gedult schweigen vnd oberwinden / Denn Gott der nicht leuget/ spricht selber/ das Brüder lieb vnd einigkeit der grössest schatz auff Erden sey/ vnnd Er wölle glück vnd heil daselbst geben/ weil Er verheist/ Psalm. Cxxxiii. Denn so gros ist kein gut noch reichthum / das nicht entlich zurinnen mus / wo die Brüder vneins sind/

### forma eins testaments.

sind/wie Christus auch selbs sagt/ Das ein Königreich zu grund gehet/wenn es vnter sich selbs vneins ist. Widerumb ist das Gütlein so gering nicht/ wo man eintrechtig dabey lebet/ es mus wachssen vnd gemehret werden/ Ist alles die vrsache/das Got verheist in obgenantem Psalm/Segen/ glück vnnd heil/wo Brüder einig leben/das thut vnd helt Er auch/Widerumb eitel fluch/vnglück/vnd verderben gibt Er/wo man vneinig/hoffertig vnd stolz vntereinander lebet.

Zum vierdten wiewol meine lieben Töchter sich bewilligt haben gegen meinen lieben Söhnen Müterlicher güter halben/rc. Aber weil ich beim leben derselben mechtig bin zu ordinirn/So ist mein will vnd meinung (künfftige vrsach zur vngedult oder vneinigkeit zu vorkommen/so vil müglich) das dieselbigen Müterlichen güterguter / sollen gleich getheilet werden.

## Forma eins Testaments.

das in der Mammon nicht lieber sey / deñ das thewre heilige Blut Jhesu Christi / damit Er vnser sünd vnd tod von vns getriben hat / Deñ was hülffs / ob wir aller welt reichthumb gar zu eigen hetten / vnd solten dises Bluts Christi nit teilhafftig sein noch geniessen / Deñ es doch alles fur Gott ewiglich verflucht vnd vermaledeyet / was des segens beraubt ist / der das Blut Christi vber vns sprenget / durch sein heiliges Euangelion.

Zum dritten bitte ich sie auch vnd befihle jhnen Müterlicher pflicht nach / Das sie fest halten wolten an der Brüderlichen lieb vnd einigkeit / vnd keins sich gegen das ander zu vnwillen / zwitracht oder vngunst bewegen lasse / Sondern ob sich vrsach zur vnlust erhübe / mit worten oder wercken / die sollen durch die liebe vnd gedult schweigen vnd vberwinden / Deñ Gott der nicht leuget / spricht selber / das Brüder lieb vnd einigkeit der grössest schatz auff Erden sey / vnnd Er wölle glück vnd heil daselbst geben / weil Er verheist / Psalm. Lxxxiii. Denn so gros ist kein gut noch reichthum / das nicht entlich zurinnen mus / wo die Brüder vneins sind /

### forma eins testaments.

sind/wie Christus auch selbs sagt/ Das ein Königreich zu grund gehet/wenn es vnter sich selbs vneins ist. Widerumb ist das Gütlein so gering nicht/ wo man eintrechtig dabey lebet/ es mus wachssen vnd gemehret werden/ Ist alles die vrsache/das Got verheist in obgenantem Psalm/ Segen/ glück vnnd heil/wo Brüder einig leben/das thut vnd helt Er auch/ Widerumb eitel fluch/vnglück/vnd verderben gibt Er/wo man vneinig/hoffertig vnd stoltz vntereinander lebet.

Zum vierdten wiewol meine lieben Töchter sich bewilligt haben gegen meinen lieben Söhnen Müterlicher güter halben/꛰. Aber weil ich beim leben derselben mechtig bin zu ordiniren/ So ist mein will vnd meinung (künfftige vrsach zur vngedult oder vneinigkeit zu vorkommen/ so vil müglich) das dieselbigen Müterlichen güter güter / sollen gleich getheilet werden.

Johan. vj.
Wer dis Brot isset/ der wirt ewig leben.

Gedruckt zů Regenspurg/ durch Heinrichen Geisler.